Franz Xaver Sautermeister

**Die Bayerische Hiesl in ihrem gelehrten Frösch- und Rattenkriege**

Erste Ausgabe

Franz Xaver Sautermeister

**Die Bayerische Hiesl in ihrem gelehrten Frösch- und Rattenkriege**
*Erste Ausgabe*

ISBN/EAN: 9783743607507

Hergestellt in Europa, USA, Kanada, Australien, Japan

Cover: Foto ©Andreas Hilbeck / pixelio.de

Manufactured and distributed by brebook publishing software
(www.brebook.com)

Franz Xaver Sautermeister

**Die Bayerische Hiesl in ihrem gelehrten Frösch- und Rattenkriege**

# Die

# Bayerische Hiesl

in

ihrem gelehrten

## Frösch= und Rattenkriege.*

Erste Ausgabe.

Wahrburg in Bayern
1780.

---

* Homer nennt dergleichen Krieg, Batrachomyo-
machia.

# Eingang.

War es nicht Rattenkrieg? Lech, Iller,
und ein guter Theil des Donaustromes
ertönten vor 10 Jahren von den fürch-
terlichen Unternehmungen des sogenannten Bayerischen Hiesels. Dieser Rattenkönig, und sein ver-
derblicher Schwarm summten dem Volke beständig
vor: „Sie lieben vor andern das Vaterland: Sie
„ verehren die heilige Religion, und suchen durch
„ ihre Wildbrätereyen nichts anders, als daß Sie
„ den edeln Baurenstand in die alte Freyheit hin-
„ aufsetzen. " Etwelche Monate, ja fast ein ganzes Jahr erscholl dieses Gesumm, und erhielt auch
Beyfall wenigst unter dem Pöbel. Endlich fällt der
Rattenheld in die Hände der schwäbischen Kreis-
truppen, wird von ernsthaften Männern nach den
Gesetzen des Reichs untersucht, als ein Feind der

allge-

allgemeinen Ruhe, als ein Rauber, und Mord-
brenner, als mitschuldiger von 32 Mordthaten zum
Rade verdammt.

Ehrwürdige Landsleute! war dieser Rattenheld nicht ein Bruder, oder gar ein Vater aller
bayerischen Hiesel, die innerhalb 10, und 20 Jahren unserm werthesten Vaterlande in ihrem gelehrten Rattenkriege bis zum Verdruß vorsummen: „ih-
„re Brust glimme von wärmester Liebe zum Vater-
„lande: ihr warmes Patriotenherz dringe vor an-
„dern auf den reinesten Kern des Christenthums:
„ihre Leibs- und Gemüthskräften wünschen sie nur
„alle zum allgemeinen Besten des Staates zu ver-
„zehren.“ Männer des Staates lachen schon
lange über das Rattengesumme, wie ich selbst aus
ihrem Munde gehört; unterhalten es dennoch, und
zwar mit größern Kösten des Vaterlandes, als vormal unsre Vorältern die Hofnarren ernähren mußten; vielleicht weil es diesen Männern selbsten
daran liegt, daß Fürsten und Unterthanen immer-
fort von dem ernsthaften auf das lächerliche hinab-
gezogen werden. — Aber Männer des Geistes
trauren erbärmlich; ja möchten bey täglich anwach-
senden Rattenschwarm blutige Zäher weinen.

Ich war etwelche Jahre unentschlossen: ob ich
über diesen gelehrten Schwarm mit den Männern
des

des Staates lachen, oder mit den Männern des Geists bitterlich weinen sollte. Erst neulich, da ich in München über die verderbte Sitten der meisterlosen Jugend überlaut in der ganzen Stadt klagen hörte, sagte mein alter Schulmeistergeist zu meinem bisher unbekümmerten Herzen: Nun sieh! der Rattenschwarm, den du bisher nur gar zu gutmeinend verachtet, hat durch sein flatterhaftes Gesumme schon auch die Jugend, den besten Theil, ja die ganze Hoffnung unsers liebwerthesten Vaterlandes, an sich gerissen: da war mein Herz untröstlich; mein alter Schulmeistergeist gerieth auf den kühnen Gedanken: Wenn doch ernsthafte Männer den Schwarm der Halbgelehrten, wie den Rattenschwarm des verrufenen bayerischen Hiesels recht gründlich durchsuchten, damit unser Vaterland doch einmal recht lebhaft einsähe. I. Wer diese halbgelehrte bayerische Hiesel in Augen des redlichen Vaterlandes? II. In Augen der gelehrten Welt? III. In Augen des wahren Christenthums. Ich war meiner nicht mehr mächtig: Geist und Herz bemeisterten sich aller meiner Kräften; ich mußte schreiben den

## I. §.

### Die bayerische Hiesel in Augen des redlichen Vaterlandes.

Mein liebwertheſtes Vaterland wird mir leicht eingeſtehen, daß der verrufene bayeriſche Hiesel nicht einmal gewußt, was ein warmer Bayer, ein wahrer Patriot, oder ächte Liebe zum Vaterland eigentlich für eine Bedeutung haben. Und dennoch hörte man dieſe zweydeutige Nennwörter beſtändig aus ſeinem Munde, fürnämlich wenn dieſer Rattenkönig in ſeinen Wilddieberreyen ungehindert, nach verübten ganzen Bubenſtreichen, in einem abgelegenen Zechhauſe, ſicher von aller Obrigkeit, ſich mit ſeinem Rattenſchwarm bis zur Wolluſt erquicken könnte. Da ſetzt der Held ſeinen Hut, ſchlägt auf ſeine warme Bruſt: „Gelt Bub! ich bin ein ganzer Bayer; ich bin ein „Karl fürs Vaterlande“ . . . Umſonſt ſagten ihm ernſthafte Männer; Nein, mein Hiesl! du biſt kein Karl für, ſondern wider das Vaterlande: alle ehrliche Bayer müßen ſich deiner vor der ehrlichen Welt ſchämen: alle Geſetze verdammen deine Schwermereyen: alle Obrigkeiten, auch dein gnädigſter Landsherr müßen dich als einen offenbaren Störer der allgemeinen Ruhe bey dem Kopfe nehmen. . . So, weiß ich gewiß, ſagten ihm geiſtli-

che

ge-und weltliche zu Keümünz, zu Egelse, und kurz vor seinem Gefängniß, zu Kissing ein gar eifriger Landpfarrer. . .

Jtzt gehen wir von Kissing, wo dieser Rathenkönig gebohren worden, in unsre Haupt- und Residenzstadt München, wo die bayerische Hirsch alle Tag zahlreicher werden; vermuthlich, weil sie sich in München bequemer, als anderswo durch ihre Wildbiebereyen bis zur Wolluft mästen können. Ertönen nicht alle Caffehäuser, Zech- und Rathstuben bis zum Vorzimmer des Fürsten von diesem zweydeutigen Wortklange: Patriot! warmer Bayer! hitzige Liebe zum Vaterlande! Schon vor 7 Jahren spotteten die junge Schüler über dieses neu erschaffne Wort: Patriot, welches in einem gar elenden Theaterspiele wohl hundertmal wiederhollt wurde. Die gute Kinder hatten sonst nichts verstanden; sie könnten also ihren Vätern nichts erzählen, was sie gelernet, als: Patriot: itzt nur mit kaltem Blut: aber itzt mit gar hitziger Brust: Patriot. Bald unter tiefesten Seufzer, so tief ein Jüngling seufzen kann; bald gar mit zusammen gewundenen Händen, und hoch zum Himmel erhobenen Augen: Patriot, ich Patriot! . . .

Die Väter lachten damal über ihre Kinder von Herzen, und fiengen an zu glauben, dieses

A 4      neue

neue Modewort müße heut zu Tag nicht mehr viel
zu bedeuten haben, wie es unsre Vorältern verstanden, weil es nun auch die Kinder unter nichts
bedeutenden Affecten so mannigfaltig auszusprechen
vermöchten. Aus dem Munde der Kinder ist dieses
neue Modewort in die Lippen der Väter übergän-
gen. Ich war selbst bey dieser wichtigen Epocque
in München, als dieses zuvor so seltsame Wort
zu einem allgemeinen Lieblingsworte geworden.
Mein Herz lachte wohl tausendmal; aber mein alter Schulmeistergeist wollte sich mit meinem gu-
ten Herzen niemal vertragen, wenn ich dieses heil-
ligste Wort aus dem Munde der eigennützigsten
Kiffenpfenningen hören mußte. Mein Freund, der
noch ernsthafter als ich, könnte den Schall dieses
Wortes gar nicht mehr ertragen. Er sagte demnach
an einem Tag frühe Morgens zu einem verrufenen
Patrioten, der sich an das neue Modewort einer
der ersten gewöhnt: Mein Herr - - -! das Wort
Patriot, daß ich itzt in München so oft hören
muß, ist ein gar zweydeutiges Wort; unsre Väter
haben es gar selten, nur in den wichtigsten Fällen,
und niemal von sich selbsten gebraucht. . . Nach-
mittag klopft der Patriot vor meinem Freunde schon
wiederum an seine hohle Brust unter den bitzigsten
Seufzern noch mehrere Conpatrioten zu werben.
Da ward mein Freund heftig bewegt, H. H. R.
R. - - ! haben Sie mich dann am Morgen nicht

genug

genug verſtanden? Ich wollte ſagen: die ärgſte ꝛc. verhüllen hier in München alle Laſter unter dem Mantel des himmelſchreyenden Patriotiſmus. Mein Herz glaubte noch dazumal, dieſe herbe Ausdrücke meines Freundes wären gar zu ernſthaft über dem Schall eines Wortes, das heut zu Tage ohne Bedeutung, unter Kinder und Väter zu einem allgemeinen Lieblingsworte geworden:

Als ich bald darauf unſren beſten Landesvater den frömmſten Fürſten Maximilian Joſeph ſelbſt über ſeine Patrioten öffentlich an der Tafel klagen hörte. Es war die Rede von einer neuen Pulvermühle, die ohnweit München unter den Händen der eifrigſten Patrioten, gleichwie ſo viele andre Fabriquen, gänzlich zerfallen. Nun thaten ſich wiederum andre Patrioten hervor, die eine ganz neue auf dem Schutte der Zerfallnen empor richten, aber in einen dem Vaterlande viel vortheilhaftern Modell gießen wollten: Wenn nur Se. Churf. Durchlaucht ihr Anſehen, und im Anfange 8000 fl. darzu leihen die höchſte Gnad hätten. — — „Schon wieder „rum neue Projecte von neuen Patrioten, die uns, „und unſrem Vaterlande ſchon ſo viele Millionen ge„koſtet. So klagte der frömmſte Fürſt; und mein Herz dachte in der Stille: Millionen! dies iſt zu viel für den eiteln Schall: Ich Patriot, als ein aufgeweckter Geiſt aus Rabener bey der Tafel zu

ſcher-

scherzen anfieng: „Brod! Brod, nur Brod ge=
„ben. Se. Churf. Durchlaucht diesen Patrioten,
„nur Brod. Der Hunger ist es, welcher heut zu
„Tage so viele Patrioten, wie bey Rahener Poe=
„ten, Wohlredner, Weltweisen, Rabulisten, und
„Goldmacher schafft.“ Auch das Brod wollte mein
Herz gar gerne gönnen; aber Millionen für den
eitlen Schalle: Ich Patriot! waren meinem Her=
ze schon zu viel, und das könnte von nun an mein
ernsthafter Geist unmöglich mehr ertragen, daß
sich wirklich diese Patrioten sich für Poeten, Red=
ner, Weltweisen ir Augen des Vaterlandes ausge=
ben, und noch darzu in ihren elenden Schriften
alles anbellen, was uns Bayern bishero ehrwür=
dig, heilig, und gar göttlich war. Z. B.

Geist und Herz staunten schon in sechziger Jah=
ren, als einer der ersten Patrioten in öffentlichen
Intelligenzblättern einen alten Minister wie ein
Orakel sprechend einführte, der einem jungen Für=
sten den Zerfall seiner Staaten nur gar zu deutlich
androhete, weil, wie er sagte, beste verdiente Pa=
trioten verworfen; an deren Statt aber nur Sän=
ger, Tänzer, und Baßgeiger ꝛc. mit dem Schwei=
ße der Unterthanen getränkt werden. Mein Geist
fieng schon damal zu zweifeln an: ob ein durstiger
Patriot vom Schweiße und Blut der Unterthanen
in einem Jahre nicht noch mehr verschlinge, als 10
Tänzer, Sänger, und Baßgeiger! ꝛc.         Nach

Nach unſrem gnädigſten Landsherrn verdient
ja Niemand mehr Ehrfurcht, als die geheime Mi-
niſtri, der hohe Ritterorden, und der Ahnenreiche
Adel unſers Vaterlandes. Itzt nagen, und bellen
unſre hungrige Patrioten wider dieſe alle ganz aus-
geſchamt, in dem ſie itzt die erſte Staatsminiſter
als die niederträchtigſte Pedanten in einer akademi-
ſchen Rede auf das häßlichſte dem Volke abſchilde-
ren: itzt in einem Tagbuche die einzige Urſach der
Plagen unſers Vaterlandes auf Grafen, und Frey-
herrn hinwerfen, als welche das gar zu gute Herz
unſers ehemaligen Landesfürſten nur zu ihrem Ei-
gennuße ſollten gelenket haben: itzt gar in öffentlichen Intelligenzblättern über den traurigen Zeit-
punct zu ſeufzen ſich erfrechen, wo die bayeriſche
Bierbräuer zu Kreuz- und Sternritter geſchlagen
worden, weil das bayeriſche Sudweſen durch dieſe
hohe Promotion gar zu tief gefallen, ꝛc. * Was
könnten zaumloſe Republicaner ihren meiſterloſen
Eidgenoßen zum Nachtheile der allgemeinen Ruhe
des Vaterlandes aufgeſchämteres vorbellen? — —
und ſo hört man täglich fortbellen wider alle übri-
ge Stände, die bishero in unſerm Vaterlande ehr-
wür-

---

*. Dieſe und andere Schriften will ich in der zwoten
Ausgabe deutlicher anzeigen, wenn man es fodern ſollte. Die erſte Ausgabe muß kurz ſeyn,
damit ſie abgehe.

würdig gewesen. Nur noch ein Beyspiel aus Tausenden,

Das Ansehen unsrer bayerischen Landbeamten ist gewiß für unser Vaterlande eben so erwünschlich, als nothwendig der Gehorsamm aller Unterthanen in einem Monarchischen Staate. Nun aber, wie heftig bellen, und nagen unsre hungrige Patrioten, an dem Ansehen der vormal so ehrwürdigen Statthalter unsers höchsten Landesherrn? . . . Die bayerische Hiesl, wie sie dem Volke vorbellen, „ haben einen aus den Landbeamten gesehen, der „ Kastner seyn sollte, und die 4 Hauptgattungen „ des bayerischen Getreides nicht unterscheiden kann, „ der zugleich Oberaufseher in dem Forstwesen aufs „ gestellt ist; aber keine Gattung des Gehölzes in „ seinem Forste zu bestimmen weißt. Itzt müßen „ hundert geprüfte Landbeamten als unerfahrne „ Idioten öffentlich vor dem Volke ausgezischet „ werden: Sie müßen für eine der ersten Ursa „ chen der zerfallenen Landcultur in Augen ihrer „ Unterthanen angegeben werden; weil Sie alle „ insgemein kein Kenntniß von Naturgeschichte, „ von Chemie, von practischer Physik, von ächter „ Kammeralwissenschaft haben; nur allezeit nach „ ihrem alten Schlendrian fortfahren, auch von kei „ nem gelehrten Buche, als von ihrer alten Tax „ ordnung, oder Register der Sporteln zu reden

„ wis

„ wiſſen. " * Mein Herz bey Ableſung dieſes Pasquilles wollte ſchon zuwünſchen anfangen, daß doch dieſe Patricien in das mühſelige Amte der Landbeamten überſetzt wurden: aber, behüte uns der Himmel! widerſetzt mein alter Schulmeiſter-geiſt: ſollten dieſe bayeriſche Hieſl nur zu Thor-oder Holzwärter aufgeſtellt ſeyn, ſo würden bald die Blätter an den Bäumen fiſcalliſch werden; ſo gar die Luft die wir noch frey ſchöpfen können, würden vielleicht ſchon Morgen eine Rubrik im ſchwarzen Regiſter der Acciſen aufmachen, und nicht der Fürſt, nicht das Vaterlande, ſondern nur die hungrige Patrioten allein würden dieſe neue Rubriken, wie die alte, verſchlingen.

Von der raſenden Tobſucht, mit welcher unſre bayeriſche Hieſl die hochwürdige Geiſtlichkeit anfallen, will ich als alter Schulmeiſter hier noch gar nichts melden, damit ich nicht parteyiſch ſcheine. Mein Geiſt, der gewiß für die Menge müßiger Mönchen, unthätiger Beneficiaten, und ſchmutziger Meſſenfiſcher keinen Advocaten machen würde, möch-te doch das Vaterlande dahin bereden, daß nicht nur

---

*. Das ehrloſe Pasquill wider Tit. H. Oberſtjägermei-ſter, und ſeine untergebene Forſtbedienten kann ohne Schauder kein ehrlicher Mann leſen, will nicht ſagen, ſchreiben.

nur die Apostaten, sondern alle verschreyte Patrioten insgesammt in ein recht wohl fundiertes Kloster
zusammen gesperrt, nur auf 3 Jahre unter der
Ruthen eines ernsthaften Obern an die Kloster
Disciplen regelmäßig angehalten würden. Ey sie
wurden gewiß gar bald mit Cartouche zu winseln
anfangen, als diesen verrufenen rc. seine verübte
Bubenstreiche so weit gebracht, daß er wiewohl nur
3 Tage mit den Capucinern in Frankreich zu wa-
chen, zu bethen, und zu fasten genöthiget worden.
Die gelübdbrüchige Apostaten sollten diese heilsame
Buße sich selbst auswählen, damit sie nicht in der
Unbußfertigkeit aus dieser Welt abgehen. Den übri-
gen Patrioten soll ein hohe Landsregierung * diese
angemessene Strafe von Amtswegen auferlegen,
weil diese Patrioten durch ihre Schwärmereyen ge-
wißlich nicht wenigere Uebel, als vormal der verrufene bayerische Hiesl, in und außer unsrem Vaterlande gestiftet haben. So wurden wenigst etliche
1000 Centen von Brochuren in dem Staube oder
Lumpen vergraben bleiben, die auf das Papier hingeschmiert.

---

*. Ich fliehe zur Landsregierung, weil die tägliche Er-
fahruß lehrt, daß der geistliche Rath weder Einsicht, noch Ansehen genug habe, alle schädliche
Schriften wider unser Vaterlande zu unterdru-
cken. Den Schaden wider die Religion werden
nach göttlichen und natürlichen Rechten die Bi-
schöfe abwenden.

geschmiert bishero unsrem Vaterlande kein anders
Nutzen gebracht, als daß die Gemüther der Unterthanen wider ihre Vorgesetzte verbittert, Stände
wider Stände in Harnisch gebracht, und schon vieles vorbereitet worden, was in andern Ländern
förchterliche Abwechslungen, ja auch blutige Auf-
tritte verursachet hat. – – Hier schreibt mein Geist,
der in seinem hohen Alter weder Amt, noch Brod
suchet, nur allgemeine Klagen hin, die alle redliche
Bayer insgemein führen, und fürnämlich an jenem
critischen Zeitpunkte geführt haben, als uns der
Himmel den besten Fürsten so gähling entrissen,
doch ohne Blutvergießung wiederum einen Andern
gegeben.

Bayerische Jahrbücher! werdet ihr Glauben
finden, wenn ihr euch nicht schämt der Nachwelt
zu erzählen, daß unsre bayerische Hiesl so gar in
dem schaudervollen Zeitpunkte, wo unser Vaterland
durch den Hintritte Maximilian Josephs in die tief-
ste Trauer versänkt worden, wo alle redliche Bayer
das ganze Schicksal unsres Vaterlandes nur dem
Fürsten überlassen, den uns der Himmel zum neuen
Landsregenten bestimmt hat, daß ( klage ich noch
einmal vor den Augen des ganzen unparteyischen
Europens ) daß unsre bayerische Hiesl die erste sich
den klügsten Maasregeln dieses Fürsten mit recht
ausgeschämter Stirne widersetzt haben.

Er-

Erlauchte Männer der Europäischen Staaten! was für ein ersprießlicheres Mittel hätte damal unsser neue Landesvater zum besten unsers Vaterlandes einschlagen können, als die zwey fürchterlichste Mächte von Deutschlande, ich könnte vielleicht schreiben, von ganz Europa, ihre zahlreicheste Armeen mit aller menschlichen Vorsicht ausgerüstet, schon wirklich an unsre Gränzen gestellt, als eine wie die andere gleichsam alle Stunde mit Gewalt in unser Herze einzudringen gedroht. - - Schauderender Gedanken, der mein ganzes Herze durchströmet, so gar meinen starren Geist beben macht! wir ächzeten vielleicht noch wirklich unter der schweresten Geisl eines der blutigsten Kriegen, der noch darzu ganz Deutschland, ja nach menschlicher Vorsicht ganz Europa hätte einflechten sollen. — Und wie hätten alsdenn unsre bayerische Hiesl das Blut so vieler erschlagenen, das Geheul, und den Jammer so vieler erbärmlich ächzender Mitburger vor Himmel und Erden bezahlen können? Aber, dem Himmel sey ewiger Dank gesagt: Karl Theodor der Fürst, den uns der Himmel in gefährlichstem Zeitpunkte bestimmt, Karl Theodor hat das Geschrey dieser erbitzten Lermenblaser mit dem Geschmier unsrer kurzsichtigen Federfechter großmüthig verachtet, Karl Theodor hat ganz allein, wie ich höre, ohne allen menschlichen Rathgeber, ja wider alle Rathschlüsse der menschlichen Klugheit, unser bedrangdrangtes Vaterland von allen diesen drohenden Plagen durch eine wahrhaft göttliche Politik erlöset.

Wir Bayer! ich zweifle schon beynahe ein ganzes Jahr, ob wir Bayer von der politischen Einsicht genug haben die Gnade des Himmels, und die Vorsicht Karl Theodors nach Verdiensten zu schätzen; sonst wurden unsre aufrichtigste bayerische Herzen auf nichts mehr, als auf ewige Denkmale zurückdenken. — Wenigst werden unsre spate Nachkömmlinge diese ewige Denkmale in allen bayerischen Jahrbüchern lesen. Sie werden aber jederzeit vor Schamhaftigkeit erröthen müßen, so oft sie auf einer Seite die friedliebende Bemühungen unsers Durchlauchtigsten Landesvater, auf der andern Seite die schwermerische Schriften unsrer erhitzten Lermenblaser lesen: Schriften, die alles öffentlich erzählten, was Menschen wissen, und nicht wissen können: Schriften, die alle Geheimnissen der Archiven vor aller Welt aufdecken wollten, und sogar in die Geheimnissen der menschlichen Herzen einzudringen sich erfrechet haben: Schriften, die nur darum den Namen, und das Ansehen eines fremden Königs geborgt haben, damit sie wider andere gekrönte Häupter, und benanntlich wider das höchste Oberhaupt des H. R. Reiches, mit welchem unser Landesvater wirklich Freundschaftbündniß gemacht, desto ausgeschämter losbrechen möchten. Mit einem Wor-

B

Worte: Schriften, die allezeit alles mit Gewalt
niederwerfen wollten, was unser Durchlauchtigste
Landesvater aufzubauen sich beeifert hat. Ich glaube nicht nur wir Bayer, sondern alle gesittete Völker, und fürnämlich alle Fürsten von Europa haben aus diesen Schriften gelesen, wie lächerlich die
gerechteste Ansprüche, wie verächtlich das Ansehen
aller Fürsten in Augen ihrer Unterthanen; ja wie
wankend, und unsicher die Kronen auf den Häuptern
der Könige mit der Zeit werden mußten, wenn auf-
gebrachte Patrioten allezeit ungestraft in die Welt
hineinschreiben dürfen, was ihnen ihre erhitzte Phantasey druckwürdiges vormalet.

Ich schlüsse daraus: Nicht nur Unterthanen,
sondern fürnämlich die Große der Erden fangen an
zu begreifen, wie nachtheilig der Stolz auf ange-
maßte Gelehrsamkeit einer ganzen Nation werden
müße, wenn dieser gefährliche Stolz, gleich einer
allgemeinen Seuche, alle Stände, Alter, und Gat-
tungen der Nation anzustecken anfängt.

Nein, liebwertheste Landsleute! es ist unter
den größten Geister noch keineswegs entschieden:
ob die sogenannte Aufblühung der Wissenschaften zur
Aufnahm der Staaten, und benanntlich zur Reinigung der Sitten so vieles beytrage, wie unsre bayerische Hiesl uns beständig vorsummen. Plato will
nur

nur Wenige, aber wahre Philosophen haben, die
seine idealische Republik sollten helfen glückselig
machen. Socrates, der weißeste aus Griechenlan-
de, scheint der Gelehrten zur Glückseligkeit der
Staaten gar nicht zu bedärfen. Der alte Cato
klagt erbärmlich, daß seine Vaterstadt Rom durch
die griechische Philosophen bis in Grunde sey ver-
derbt worden. Fabricius jammert noch erbärmli-
cher, daß von der Zeit, da eine Menge Poeten,
Redner, und Philosophen zu Rom in Vorschein gekommen, die alte würdige römische Bürger ver-
schwunden seyn. Dennoch mein gutes Herz will
unsern bayerischen Hieseln, als eine schon ausge-
machte Sache hier noch zur geben, daß der wahre
Gebrauch der Wissenschaften zu Aufblühung, und,
wenn sie wollen, auch zur Reinigung der Sitten in
der That vieles beytrage. Aber mein starrer Geist
fraget: wo ist der wahre Gebrauch in unserm Vaterlande? oder: wie viele sind wahre Gelehrte unter so vielen bayerischen Hieseln? Dieß ist meine
2te Frag, darum schreibt ich itzt den

II. §.

## II. §.

### Die bayerische Hiesel in Augen der gelehr-
### ten Welt.

Auch der bayerische Hiesl war in Augen des Pö-
bels nicht nur ein warmer Bayer, sondern
einer der gröſten Helden. Ich ſchäme mich die
Helden zu nennen, welchen der dumme Pöbel die-
ſen Rattenhelden insgemein verglichen, will nicht
ſchreiben, vorgezogen. Warum? - - Seht dort
zu Kiſſing ſchießet der Held die Allepöcke gleich im
Flug: dort zu Stockheim zielt der Held nach dem
Thurnknopfe, und ſchließt ihn durch und durch:
dort bey Augsburg zu den 7 Tiſchen muß der Bub
ſeinem Helden ein Deller vorhalten, und der Held
ſoll das Deller getroffen haben, ohne daß der Bub
nur am Finger verletzt worden. Hundert andre
Heldenthaten zu geſchweigen, itzt zielt der Held zu
Oſtcrizll auf den Hauptmann Schedl: nur der Stu-
tzen hat verſagt, ſonſt wurde der Pöbel aus dieſer
Mordthat eine ganz erſtaunliche Heldenthat gemacht
haben. Aber itzt liegt der Held in Eiſen und Bande: weint, heult, und zittert an allen Gliedern,
daß ſich alle Richter verwundert, wie eine ſolche
Lettfeige ſo großen Lermen an dem ganzen Lechſtro-
me zu machen vermocht.

So,

So, dachte mein Geist schon vor 10 Jahren, so wurden alle unsre bayerische Hieseln an ihrem gelehrten Körper erzittern, wenn sie eine öffentliche Prüfung in Augen der gelehrten Welt aushalten müßten. Wie wurde z. B. der bayerische Intelligenzer vor Furcht beben, wenn ein gelehrte Welt nur um die erste Grundregeln aus den untersten Schulen zu fragen anfieng. Mußte nicht mit diesem bayerischen Hiesl unser ganzes Vaterland erröthen; indem es schon 14 Jahre gedulden kann, daß ein Mann der gar keine Grundsätze von keiner Wissenschaft jemal gehabt, in Augen einer gelehrten Welt auch von erhabensten Wissenschaften im Tone eines Mitgelehrten zu sprechen, und zu schreiben sich erfreche? - -

Wie bloß und nackend würden die bayerische Beyträgelieferer dastehen, wenn eine gelehrte Welt die fremde Federn sollte auskropfen, die sie ihrem gescheckigten Phantasten Rocke alle Monate anpfuschen? ich schreibe Phantasten Rocke; denn auch die Fetzen, die daran gut sind, wird eine gelehrte Welt sagen, sind im Grunde nichts, als Gewebe von einer erhitzten Phantasey. Z. B. ihr Englhof ist ein Phantast: ihr Aninius ein Phantast: ihr Theater Freund, ihr Leser guter Schriften, und ihr Anschauer bewährter Meisterstücke, bevor er zu einem ächten Kenner werde, muß zuvor in einen

tau

taumelnden Phantasten verwandelt werden, der in
der menschlichen Gesellschaft unerträglich, endlich in
ein Spital, oder Narrenkerker mußte versperrt werden. Dies sind beynahe die beste Fetzen. Denn
die zwey politische Rapsodien hat ein alter gewag-
ter Bayer in Augen der gelehrten Welt so künstlich
zergliedert, daß sie in ihrer ganzen Blöße dasteben
mußten; und unsre bayerische Hiefl selbst eingesehen haben, daß in diesen elenden Geschöpfen kein
ehrliches Plätzlein anzutreffen gewesen.

Wenn erst eine gelehrte Welt die elende Fetzen sollte durchforschen, die nur Selbstliebe, Ei-
gennuß, Rachbegierde, schändlicher Handwerksneid
von erhitzter Phantasey unterstützt, zusammen geflickt.
Zum Beyspiel: was würden unsre bayerische Hiefl
antworten, wenn eine gelehrte Welt sich zu fragen
würdigte: Wie sie sich getrauen in die gelehrte
Welt hinein zu schreiben, daß alles, was man
nicht in der Muttersprache schreibt, nur zum Aber-
glauben, oder Fanatismus verleite? Schon hier
bey der ersten Frage müßten ja die bayerische Hiefl
den Bergen rufen, daß sie ihre Schande bedecken,
oder sie müßten in Augen der ganzen Welt beken-
nen, daß sie kein lateinisches Buch gesehen, die
innerhalb 2000 Jahren in allen Welttheilen geschrieben worden. Ehrliche Bayer schämen sich nur
des Vaterlandes, das die Schande einer so dum-
men

men Unwissenheit, oder ausgeschämten Frechheit in
Augen der ganzen Welt mittragen sollte.

Aber die gelehrte Welt könnte an unsre bayerische Hiesl noch viele gar ernsthafte Fragen stellen:
z. B. Was ist die geometrische Methode? Was
habt ihr für Proben, diese neue Methode nicht nur
aus den Schulen, sondern aus allen Schriften wiederum zu verbannen? — O meine bayerische Hiesl,
dies wäre für euch ein gar hartes Examen: ich
rathe euch gutwillig einzustehen, daß ihr weder la-
teinisch, viel minder griechisch versteht; denn gewiß
das Ansehen eines jungen Doctors Ertinger, von
dem Ansehen eines noch jüngern Magisters von
Göttingen unterstützt, werden das Ansehen eines
Neutons, eines Leibnitzes, eines Christian Wolfes,
eines Baumgarten so wenig als eines Benedikt
Stattlers in Augen der großen Welt niederschla-
gen.

Nur dem Vaterlande zu verschonen verschwei-
ge ich noch ganze dutende Fragen, die mein alter
Schulmeistergeist schon in sein Register eingetragen,
und in der andern Ausgabe gar leicht im Namen der
gelehrten Welt an die bayerische Hiesl stellen könnte.
Doch noch eine Frage kann ich aus Zwange meines
beklemmten Herzen hier in der ersten Ausgabe nicht
verschweigen. Mit welchem Grunde Sie, die baye-

rische

; rische Hiesl, dem Vaterlande vorsummen: daß vor
10, 20, 30 Jahren überall dicke Finsternissen gewesen, daß sie erst durch ihre aufgeklärte Schriften
Licht und Stralen, wie einen hellen Tag, haben
verbreitet? * Ey! so nennen sie uns dann die
Schriften, die in Augen der gelehrten Welt Aufmerksamkeit verdienen? ich fodere sie offentlich her-
aus, und berufe mich auf das Urtheil der gelehrte-
sten Akademien von Europa, die sie nur selbst vor-
schlagen können. Ich sage, der Akademien.
Denn das Urtheil eines erkauften Zeitungsschreiber
wird meinen starren Geist niemal, vielweniger die
gelehrte Welt, bewegen.

Aber meine liebe bayerische Hiesl, bevor wir
mittelnander vor dem strengen Richterstuhle der Akademien Europens erscheinen, muß ich euch nur in
der Stille ins Ohre sagen, was einzele Gelehrte
von eurer Schreibsucht für ein Urtheil geschöpft.
Oefele war gewiß ein Gelehrter, ja ich und ihr
alle habt ihn als einen solchen verehret. Nun habe
ich selbst aus seinem Munde gehört, und ihr müßt
es auch gehört haben; denn er mir darzu gesetzt:

Ey

---

* Innerhalb all diesen Jahren ist kein Werk ans Taglicht gekommen, das mit Herwarts Chronologie
nur zu vergleichen: und Herwarth war Kanzler in
Bayern schon beynahe vor 200 Jahren.

Er habe es schon tausendmal gesagt: Bayern sey das Land, wo man heut zu Tage in der ganzen Welt am mehrsten schreibt, und am wenigsten denkt.

Pfeffel war gewiß ein Gelehrter, ja darum habt ihr ihn aus fremden Ländern mit so großen Kösten des Vaterlandes berufen, und mit noch grössern hier in München erhalten, damit er eurer gelehrten Akademie den ersten Glanz anstreiche. Nun werdet ihr euch noch wohl erinnern, was Pfeffel hier in München gar oft, nachmals bey seiner Zurückkunft in Straßburg, und durch ganz Elsas noch kecker von eurem Biergeschmacke, und flatterhaften Hopfenfeuer nur gar zu Satyrisch gescherzet hat.

Schubart war, wenigst nach eurem Urtheil, ein Wunder der Gelehrtheit; ja so habt ihr ihn hier in München in allen erlauchten Gesellschaften aufgeführt, ja sogar dem gnädigsten Landsherrn unter den rühmlichsten Empfehlungen vorgestellt, daß er als Professor Historiarum zu Ingolstadt, oder gar als Director der schönen Wissenschaften in Bayern sollte aufgestellt werden. Nach einem halben Jahre schreibt dieses Wunder der Gelehrheit in seiner deutschen Kronicke öffentlich in die Welt: Sie, er versteht die bayerische Hiesl, ehe sie Schriftsteller werden wollen, sollten sich doch

zuvor

zuvor in dem Tempel de Gout nur in den äußersten Winkel verschliefen, und recht lange Jahre mit dem offnen Sünder auf ihre kalte Brust schlagen: erst alsdann, nachdem sie die Anfangsgründe von Leſſing nicht nur geleſen, ſondern reif genug überdacht, endlich ihre Feder mit zitterndem Herzen ergreifen; aber doch nicht ein Heldengedicht, oder ein Werke, das Feuer fodert, in die gelehrte Welt hinaus, zuſchicken. Wenn die bayeriſche Hiefl Herz genug hätten das Zeugniß dieſes miſantropiſchen Avanturier zu verachten, ſo hätten ſie daſſelbige niemal in öffentlichen Blättern wiederholen, oder doch wenigſt gründlicher widerlegen ſollen. *

Doch werden ſie das Urtheil des Mons. Pouat vormal franzöſiſchen Geſandten auf dem Reichstage zu Regenſpurg ſo leicht nicht verachten können: des M. Pouat ſage ich, dem nicht nur die Franzoſen, ſondern alle deutſche Gelehrte den Namen eines Mitgelehrten zugeſtanden, die mit ihm Umgang gepflogen. Dieſer M. Pouat entſchuldiget ſich in öffentlichen franzöſiſchen Blättern ** bey einem ſeiner gelehrten Freunde, dem er vor ſeiner Abreiſe aus Frankreich nach Regenſpurg verſprochen, alle gelehrte Schriften aus Oberdeutſchlande zu ſenden: „Daß
er

*. 1774.
**. Gazettes etrangeres 1768.

er bisbers in den Jahren seiner Gesandschaft gar
nichts gelesen, was die Aufmerksamkeit eines gelehrten Auges verdiene, "

Hier werden freylich unsre bayerische Diefl in
ihrem Hopfenfeuer aufbrennen. Was? Pouat muß
ja gelesen haben das Werk von unsrem unsterbli-
chen Lochstein für, und wider die geistliche Im-
munität? Ja: aber Pouat hat schon lang zuvor
gelesen die infame französische Brochure: *Pour, &*
*contre L' Immunité du Clerge:* die nicht nur von
der Sorbonne gebrandmarkt, sondern auch durch
das Urtheil des Pariser Parlament zum Feuer verdammt worden.

Aber Pouat muß doch gelesen haben das na-
gelneue Systém der Limbrunischen Zeitrechnung,
welches die bayerische Diefl unter so ruhmvollen
Ausdrücken der gelehrten Welt angekündet: „Dieß
System allein verdiene schon alle Kösten, die der
Durchlauchtigste Stifter zur Errichtung, und Er-
haltung der kostbaren Akademie verwendet. " Ja:
aber Pouat hat auch gelesen, daß Niemand aus den
Gelehrten seine Schriften nach der Limbrunischen
Zeitrechnung einrichte. Ich will nicht sagen, Pouat
als ein Gelehrter hat in seinem gelehrten Geist
leicht vorsagen können, daß dieses in Augen der
bayerischen Diefl im Anfange so kostbare Werk in

zwei

etwelchen Jahren so weit fallen werde, daß auch
die bayerische Hiesl dafür nicht einen Livre ver-
lieren möchten.

Doch Pouat muß wenigst gelesen haben die
*Monumenta Bojca* mit so vielen gelehrten Abhandlungen, die unsre gelehrte bayerische Hiesl
vor Jahren in die gelehrte Welt hinausgeschickt?
Ja; aber nicht nur Pouat; sondern unsre bayerische Hiesl selbst haben gar bald eingesehen, daß ihre Abhandlungen, gar wenige ausgenommen,
nicht so fast für die gelehrte Welt, als für Perru-
quier, und Käskrämmer gedruckt werden; darum
auch die uneigennützige Druckerey gar bald, noch
vor der osterwaldischen Sternwarte, zerfallen.

Von den *Monumentis Boicis* * hat Pouat, wie
mein Schulmeistergeist, gar leicht das Urtheil fällen können: dieß sey ein Werk, daß ein, oder etwelche Mönche mit viel geringern Kosten, ja wohl
gar ohne Aufwand des Vaterlandes hätten gar
leicht sammeln können.. Itzt, glaube ich, hat sich
das Hopfenfeuer um ein merkliches gesetzt.

Denn

---

*, Ich habe den H. r. Oefele allzeit als einen gelehr-
ten verehrt; aber nicht aus den *Monumentis
Boicis*, sondern wegen der Erfahrniß in *histo-
ria literaria*.

Denn was sollte der gelehrte Pouat heut zu
Tage für ein Urtheil schöpfen von dem unerträgli-
chen Schwalle der Brochuren, Chartequen, Saty-
ren, oder vielmehr Pasquillen; die alle Wochen ans
Taglicht kommen, bisweilen auch über Nacht, wie
gewiße Geschöpfe, aufwachsen? Z. B. Was für
ein Urtheil verdient vor einer gelehrten Welt die
deutsche Logic um 6 kr.? die unvergleichliche neue
Physic von Prof. Tanzer? *. die Systematische
Moral mit seiner Apologie von Prof. Leeb? **.
die Tartarotische Wildbieberey von Don Sterzinger
und allem Rattenketege, zu welchem dieser naturali-
sirte B. H. Anlaß gegeben? ꝛc. ꝛc.

Was für ein Urtheil verdient unter Tausenden
der ausgesuchte Ulmer- oder vielmehr Nördlinger-
Plan von dem Wortversetze Braun, mit allen
Mischmasch, daß dieser B. H. bald für, bald wider den Papst, bald für, bald wider die Religio-
sen, ja Religion selbst zusammen gepfuscht, so wie
es die Unterhaltung seines kostbaren Körpers ꝛc. er-
fodert ꝛc.

---

*. Die gelehrte Welt verachtet alle Pultphysiken; aber
fürnämlich diejenige, die das erfundene nicht einmal wissen, vielminder deutlich vortragen.

**. Nur Eigenruk, oder hirnlose Schreibsucht kann
unserm Weltalter noch neue Moralisten aufdringen, wenn man die alte recht versteht.

foдert? Was? auch dieser Mann ein B. Hieſl? - - Dem wir Bayer auf ewig ſchuldig bleiben, -daß wir ißt unſer Mutterſprache deutlich reden, und vor der gelehrten Welt auch ehrlich zuſchreiben wiſſen? Ja ein bayeriſcher Hieſl in Augen der gelehrten Welt; denn auch dieſer theure Mann wird mir von ſeinem Namen kein Werk nennen, daß in Augen der gelehrten Welt Aufmerkſamkeit verdiene, was Pouat gefodert, alſo auch mein Geiſt mit allen Gelehrten fodern kann.

Sollte der Wörterverſetzer mit ſeiner Gram-matik, oder deutſchen Wörterbuche groß aufheben, ſo wurde ich den Beyfall von allen Gelehrten Deut-ſchen fodern: ob ein mittelmäßiger Schulmeiſter mit Gottſcheds Kern, und Zweifeln des *P. Weitenauer* unter ſeinen Schülern nicht, wenigſt gleich großen Nußen ſchaffen wurde? - - Ich ſchreibe zu Wahrburg, wo ich die Richtigkeit mei-ner Auffoderung ſchon lange Jahre durch Erfahrniß geprüfet, und dem Vaterlande iſt gleichſam unend-lich daran gelegen, daß mehrere Schulmeiſter gleich in erſten Schulen eben dieſe Prüfung anſtellen; ſo wurde das Umgießen der Schulpläne mit der koſt-baren Abwechslung ſo vieler Schulbücher doch ein-mal ein Ende nehmen, ſo wurden nicht nur ſo vie-le tauſend Gulden, ſondern noch mehrere koſtbare Stunden erſpart werden, die unſre Schuljugend

auf

auf das Lateln, und andere nützlichere Gegenstände
ve wenden könnte. Unsre B. H. die sich mit der
Auctorsucht nicht mehr erhalten könnten, auch das
Klosterleben mit Cartouche nicht erwählen wollten,
könnten vielleicht bey Gelegenheit des neuen Bet-
telmandat als wohlbestellte Bettelrichter ihre Nah-
rung finden. Das Vaterlande, wenn es diese Tau-
genichts schon umsonst besoldet, wird dennoch viel
gewinnen, und die gelehrte Welt wird darum keinen Verlust merken.

Liebe bayerische Landsleute! Ich habe schon
vor 40 Jahren in der Hübnerischen Geographie von
unserm Vaterlande gelesen *.: Bayern sey ein gar
fruchtbares, und gesegnetes Lande: und man
wolle behaupten: die Ministri des bayerischen
Hofes seyen die besten Staatsmänner unter
allen Höfen Europens ... übrigens beküm-
mern sich so wohl das gemeine Volk, als auch
die Geistlichkeit wenig um die Wissenschaften.
Denn sie vergnügen sich mit der Fruchtbarkeit
ihres Landes. L. B. Landsleute! was denken
sie von dieser hübnerischen Anmerkung? Ich damal
noch ein junger Schulmeister, als ich diese anecto-
de am Rheinstrome gelesen, entbrann heftig vom
Hopfenfeuer; denn ich glaubte, Hübner wolle mit
uns Bayern in Augen der gelehrten Welt das Ge-
spöt

*. Edition 1730.

spott treiben. Aber itzt, da mein junges Hopfenfeuer vergangen, sage ich dem Hübner öffentligen
Dank, denn so wie Hübner bey Eingang der Re-
gierung Karl Alberts unser Bayern beschrieben, so
möchte ich unser Vaterlande noch heut zu Tage
wünschen, als ein Vaterland, wo der gemeine
Mann sich nicht viel um das Reiche der Wissenschaften bekümmert; aber mit aller möglichen Sor-
ge darauf bringet das Thier- und Erdreiche zu erweitern, und zu verbeßern: Ein Vaterlande, wo
eine Hochw. Geistlichkeit nur sorget die Pflichten
des Berufes im Grunde zu kennen, und zu erfüllen: sich also vielmehr um standmäßige Heiligkeit,
als um die Kenntniß weltlicher Wissenschaften beeifert: ein Vaterland, wo der Fürst selbst ein Philosoph, den noch darzu kluge erfahrne Staatsmänner
umringen, die, wenn sie schon wenige an der Zahl,
dennoch Einsicht, und Herz genug haben den Fürsten
durch Liebe der Gesetze an seine Unterthanen, seine
Unterthanen durch kindliche Gegenliebe, und fertigen
Gehorsam an ihren Fürsten zu halten. In diesem
beglückten Vaterlande werden alle Glieder des
Staats die Pflichten ihres Berufes auf das genaue-
ste erfüllen, fürnämlich, wenn der Fürst sowohl als
der Unterthan sich jederzeit sicher darauf verlaßen
kann, daß die kluge Staatsmänner ihre politische
Maximen nur nach den Maximen des heil. Evan-
geliums einrichten, auch in wichtigsten Fällen die

Zwei-

Zweifel der positiven Landgesetze nur aus den erstgen Gründen der göttlichen Religion bestimmen, damit sie den Fürsten sowohl, als den Unterthanen hier zeitlich, und dort ewig glückselig machen. — — Und dieses Vaterland war vor 50 Jahren unser fruchtbares gesegnetes Bayerland, in welchem damal, wie Hübner hinzugesetzet, die katholische Religion die herrschende, ja von uralten Zeiten her die einzige gewesen.

Ach! verzeihen sie mir, L. B. Landsleute! daß ich itzt schreibe, damal gewesen. Mein Geist, und mein Herz sind gänzlich überzeugt, daß uns der Himmel wiederum einen Durchlauchtigsten Landsregenten gegeben, der nicht minder ein erlauchtester Staatsmann als christlicher Philosoph, wie Karl Albert gewesen; mein Geist und mein Herz sind überzeugt, daß unsere neue Landgesetze, die in Augen der gelehrten Welt, und in Augen der Kirche Gottes alle Prüfungen ausgestanden, nur auf die ewige Grundsätze der uralten katholischen Religion gegründet worden, und daß der erlauchte Gesetzgeber, dem wir das rühmwürdigste Gesetzbuch schuldig seyn, sowohl als die kluge erfahrne Staatsmänner, die heut zu Tage unsern Landsregenten umgeben, nichts anders suchen, als daß sie den Fürsten sowohl als uns getreue Unterthanen hier zeitlich, und dort ewig glückselig machen. Mein Geist

C                    und

und Herr ist auch gänzlich überzeugt, daß unser
bayerisches Volk eines der frömmsten, und christ-
lichsten unter der Sonne, und daß noch die meh-
reste, aus euch, L. B. Landsleute! ehender Gut
und Blut, Leib und Leben aufopfern wollten, als
der heil. Religion eurer bayerischen Vorältern unge-
treu werden. — Aber Männer des Geistes, wie
ich gleich im Eingange erinnert, klagen erbärmlich
über eine neue Sekte, die sich von dem Kern des
Christenthumes nennt, weil sie sich zu gar keiner
Religion öffentlich bekennet. So wie diese neue
Sekte unser Vaterlande schon betrogen unter dem
Namen Patrioten: so wie diese neue Sekt die gelehrte Welt verblenden will unter dem Namen der
Philosophen, so will sie so gar untergraben unsre
heil. Religion unter dem Scheintitel des kernhaf-
ten Christenthumes. Von dieser gefährlichen Schlan-
ge will ich euch noch warnen. L. B. Landsleute,
darum schreibe ich den . . . . . . . . . . . . . . . .
. . . . . . . . . . . . . . . . . . . . . . . . . .
. . . . . . . . . . . **III. §.** . . . . . . . . . .
. . . . . . . . . . . . . . . . . . . . . . . . . .

## Die bayerische Hiesl in Augen der heil. Religion.

Wenn ernsthafte Männer aus dem Munde des
bayerischen Hiesl gehört: Ich bin ein warmer Bayer, ich bin ein Kerl fürs Vaterlande:

de: so konnten sie noch lachen, oder wenigst noch
schmotzen, wie mein ernsthafter Geist geschmozet hat,
als man mit diesem Rattenkönig das erstemal im
Kupferstiche gezeigt, und seine Schwärmereyen als
Heldenthaten angerühmt. Als aber Geistliche und
Weltliche mir von diesem Rattenhelden behaupten
wollten: er sey sonst ein guter katholischer Christ:
er bethe ganz elfrig: verehre seinen Landsfürsten,
und predige seinem Schwarme auf das schärfeste,
daß sie Niemand ein leid zufügen. Da war mein
Geist aufgebracht. Wie? ein Wilddieb von Profession ein guter katholischer Christ? wie? sollte er
Gott förchten, der alle Augenblicke in augenschein-
licher Gefahr schwebt seine Seele auf ewig zu ver-
lieren? Wie kann er seinen Landsherrn verehren,
der sich wider seine gerechteste Gesetze öffentlich em-
pört? Was können seine Predigten bey seinem Rattenschwarme für Eindrück machen, wenn er selbst
den blutigen Fahnen schwingt, Jäger, Gerichtsdie-
ner, und Soldaten bis auf den Tode zu verfol-
gen? – – Doch mein gutes Herz besänftigte gar
bald meinen Geist: wir seufzeten beyde miteinander
zum Himmel: Herr! verzeih ihm, und seinem
Rattenschwarme; dann sie wissen nicht, was
sie thuen.

Eben diesen aufrichtigsten Seufzer, (der Herr,
der Herzen, und Nieren prüfet, soll mein Zeug

seyn) hat mein Herz und mein Geist innerhalb 10
Jahren schon tausendmal zu dem Himmel abgeschickt, als mir ernsthafte Männer geklagt, und ich
selbst mit Augen gesehen, daß unsre Patrioten auch
sogar unserer heiligen Religion nicht verschonen:
Z. B. als der bayerische Intelligenzer die Toleranz in öffentlichen Blättern zu predigen angefangen: das ist ein bayerischer Hiesl: er weißt
nicht, was dies lateinische Wort Toleranz eigentlich für eine Bedeutung habe, . . als ein junger
Poet eine ausgeschämte Satyre wider die heil. Inquisition leichtfertig hingeschmiert: das ist ein
Bub von dem bayerischen Hiesl: das gute Kind
weißt nicht, daß die frömmste und heiligste Könige selbst das Gericht der heil. Inquisition von dem
Papste begehrt, weil sie glaubten, die Könige seyn
von Gott bestellt, daß sie ihre Unterthanen sowohl
zeitlich, als ewig glückselig machen. Wenn der
ganze Schwarm unser Patrioten nur vom Naturrechte, von gründlicher Ethik, von ächter Moral,
und niemal vom Evangelium gesprochen, und geschrieben; endlich auch eine elende Schulmoral zu
stande gebracht, die das Herz der Kinder bilden
sollte. - - Dies ist der Rattenschwarm von dem
bayerischen Hiesl: der ganze Schwarm weißt nicht,
was unter Theologen, und Philosophen schon ausgemacht: daß nur die göttliche Offenbarung allein
erklecke, Männer und Kinder in allen Fällen an

ihre

ihre Pflichten zu halten. Herr! verzeih ihnen; denn sie wissen nicht, was sie thuen.

Auf alles, Wüthen und Toben, mit welchem unsre lernhafte Christen auf die hochwürdige Geistlichkeit losgebrochen, da sie diesen ehrwürdigsten Gliedern unsrer Staaten nicht nur ihre Güter rauben wollten, sondern ihr ihre heiligste Ordensstifter in einer lugenhaften Charteque auf das lächerlichste abgeschildert; in einer andern mit ihrer evangelischen Keuschheit, und heil. Gelübden vor einem frommen katholischen Volke auf eine recht hübische Art das Gespött getrieben; wiederum in einer andern schon die Fälle zu bestimmen sich erfrecht haben, in welchen das Bande der christlichen Ehe, das wenigst in der lateinischen Kirche jederzeit unauflöslich gewesen, sollte zertrennt werden. ꝛc. ꝛc. Schickte mein Herz, und mein Geist nur diese wenige Seufzer zu dem Himmel: dies sind B. H.; sie stellen sich geistliche und weltliche Stände unsers frommen Vaterlandes nur nach ihren unbändigen Leidenschaften vor. Herr! verzeih ihnen; denn sie wissen nicht, was sie thuen.

Auch da die eifrigste Prediger, wie vormals die Propheten, von öffentlicher Kanzel zu klagen anfiengen: da das Jammern unter den Männern des Geistes allgemein geworden, daß unsre Patri-

ten nicht nur die Kirchenzucht, sondern auch sichere
von der Kirche Gottes schon bestimmte Glaubens-
sätze in ihren Chartequen öffentlich anbellten: auf
einer Seite Christum wie Mahomet, oder Mahomet wie Christum redend einführten: auf der andern Seite die ruchloseste Philosophen in Augen eines frommen katholischen Volkes ganz vergötterten,
ihre gottslästerliche Schriften mit hundert andern
verbothnen Büchern gewissenlos feil botten, ja selbst
zum Drucke beförderten rc. blieb mein Geist und
mein Herz noch unbekümmert: diese Schriften
lesen nur die B. H., die ohnedem keinen Glauben haben: Sie wissen nicht, daß neben dem
strengsten Kirchengebothe selbst das Naturrecht alle
diese Schriften auf das schärfeste verbiethe: Herr!
verzeih ihnen; denn sie wissen nicht, was
sie thuen.

Erst neulich, da ich in München die ausge-
schämteste Poeten in den Händen der Schulknaben
gesehen: da mir die Damen die ruchlofste Stellen
aus Voltaire, aus M. D'argens, aus dem Geiste
der Gesetze, sogar aus dem Systeme der Na-
tur, wie ewige Grundwahrheiten, hergesagt: da
noch dazu die Geistliche von chymärischem Vergleiche
mit unsern Glaubensgegnern, und von Duldung
aller Religionen öffentlich gesprochen, und sogar
eine Charteque in Caffeehäuser gebracht, wo ein
                                            Mönch

Mönch (: wer. follt. es glauben?) die Unfehlbarkeit
der Kirche Gottes als einen Hauptzweifel der ge=
lehrten Welt, aufgeworfen, damit er den ersten
Schritt wage mit allen Religionen alles Göttliche
zu untergraben. 2c. 2c.

Hier, erst hier, liebe kathol. Landsleute! war
mein Herz nicht mehr zu trösten, weil Kinder,
Damen, geistliche und weltliche Männer ihre un=
christliche Gleichgültigkeit im Glauben mit dem
ächten Kerne des Christenthumes zu beschönen sich
erfrechten: hier mußte also mein Geist sich nath=
wendig viel heftiger, als vor 10 Jahren ereifern,
da Geistliche und Weltliche mir vorkommen wollten
der bäyerische Hiesl, ein Raubdieb von Profession,
sey ein kernhafter katholischer Christ. Himmel!
(so heißen die Seufzer) Himmel! waren dann
die Schriften, so die erste Christen in Augen der
Apostel zu dem Feuer verdammt, noch viel ge=
fährlicher, als Hageborn, Wieland, Maemonteh,
und andere ausgeschämte Poeten, die ich in Hän=
den der heutigen Schulknaben gesehen? Himmel!
sollten dann diese erlauchte Damen, die sich von
dem Kerne des Christenthumes schmeicheln, nicht
wenigst so viele Gewissensbiße empfinden: daß die
ruchlose Schriften, die ich oben angezogen, mit
den Gründen der heil. Religion auch die Gründe
aller politischen Staaten untergraben? - - Ach

zum

( zum drittenmal ) sollten denn die heilige Tole=
ranzprediger in den Geschichten unsrer heil. Kir=
che so unbewandert seyn können, daß sie erst in
dem achtzehenden Jahrhunderte die Duldung aller
Religionen mit dem Kerne des reinen Christenthu=
mes zu vereinbaren sich erfrechen! Dieser dritte
Seufzer hat mein Herz so gebrochen, daß es gar
nicht mehr zu seufzen vermochte: und auch mein
starrer Geist getraute sich nicht mehr zu dem Him=
mel zu sehen: Herr! verzeih ihnen; denn
sie wissen nicht, was sie thun! Aber mein Geist
unter dem Schwalle der Toleranten nicht nur
bayerische Hiesel, sondern auch solche Männer er=
blickt, deren Religioneiser mir bekannt, und deren
Schriften mit mir eine ganze gelehrte Welt verehrt.

Zu diesen Männern wollte itzt am Ende mein
Geist in seinen alten Tagen noch in die Schule ge=
hen. Nur bittet er zuvor um eine bestimmte Ant=
wort auf drey, wie ihm dünkt, gar wichtige
Fragen.

I. Welches sind die Rechte, und die Grän=
zen nicht der politischen, sondern der eigentlichen
Kirchentoleranz?

II. Haben die Väter, die Concilien, ja selbst
die Apostel diese Rechte, und Gränzen entweder
nicht

nicht — — oberhfürsichlich überschritten, indem
Sie durch achtzehnhundert Jahre alle ketzerische
Irrlehren mit so schaudervollen Ausdrücken verdammt, die Irrlehrer selbst mit ihren Vertheidigern
dem Satan übergeben — — — — — — — —
— — — — — — — — — — — — — — — — —
— — III. Wurden die Philosophen, und die Theologen des 18 Jahrhunderts ( wenn sie auch alle
zusammenhelfen sollten der Toleranz andere Rechte
zu bestimmen, und ihre Gränzen zu erweitern )
wurden sie Einsicht, und Ansehen genug haben,
das vorgehende Jahrhundert mit der Kirche Gottes selbst anzuklagen, daß sie aus bekehrten Juden
und Heiden entstanden, oder erst nach Tilgung des
Unglaubens, Irrglaubens, und Aberglaubens durch
alle Welt ausgebreitet worden; und dieses alles nach
dem ausgegebenen Befehle eines vermenschten Soh-
nes Gottes: Gehet hin in alle Welt: Prediget das Evangelium allen Creaturen: der glaubt, und getauft
ist, wird selig; der aber nicht glaubt, wird
verdammt werden ? — — — — — — — — —

In Erwartung einer bestimmten Antwort von
Männern, die mir mit eine gelehrte Welt schätzt,
und verehrt, wende ich mich noch einmal zu euch,
liebe bayerische Landsleute ! und schließe meine
Lection mit der väterlichen Ermahnung, mit welcher der große Bossuet Bischof von Meaux, seine

unvergleichliche Rede an die höchste Priesterschaft in
Frankreich vor ohngefähr hundert Jahren beschloß
hat. ...

„ Zittert, meine Christen! auch so gar vor
„ dem Schatten der Spaltung: denket in heiliger
„ Furcht an das Unglück der Völker, welche, nach=
„ dem Sie sich von unserer Einigkeit getrennt, in
„ so viele kleine Sekten gespalten haben, daß Sie
„ in ihrer Religion nichts mehr sehen, als Ver=
„ wirrung der Hölle, und Schrecken des Todes. —
„ Ach! lasset uns alle auf guter Hut stehen, daß
„ dieses Uebel nicht auch bey uns weiter um sich
„ greife. Schon sehen wir unter uns nur gar zu
„ viele von freygesinnten Freylern, die, ohne die
„ heilige Religion zu kennen, noch ihre Gründe,
„ ihren göttlichen Ursprung, ihre unwiderbringliche
„ Dauerhaftigkeit einzusehen, alles lästern, was
„ sie nicht verstehen, so gar in dem sich selbst
„ fürschädlich betragen, was sie als dumme
„ Thiere natürlich einsehen sollten. —

„ Ausgedorrte Wolken ohne Wasser, wie
„ der heil. Apostel Judas fortfährt, das ist, Lehr=
„ meister ohne Gelehrsamkeit, denen ihre Kühnheit
„ allein statt alles Ansehens dienen muß, und die
„ uns ihre übereilte Machtsprüche anstatt der Grün=
„ de aller Wissenschaften aufdringen wollen.

„ Bäu=

„ Bäume die zweymal gestorben, und
„ ohne alle Wurzel dastehen. Das erstemal ge-
„ storben, weil sie schon lange die Liebe Gottes
„ verlohren; aber zum zweytenmal gestorben, weil
„ sie neben der Liebe Gottes so gar den göttlichen
„ Glauben verlohren,

„ Nun gänzlich aus der Wurzel gehoben, weil
„ sie ohne Saft der Liebe Gottes, auch ohne Saft
„ des göttlichen Glaubens von der Kirche Gottes
„ gar keine Ader mehr haben,

„ Irrende Gestirne, die auf ihren neuer-
„ fundnen Irrwegen zwar prächtigen Glanz um sich
„ werfen, ohne zu sorgen, daß sie gar bald wie-
„ derum verschwinden müssen. Setzen wir diesen
„ flüchtigen Irrgeistern, oder diesem trügenden
„ Schimmer der Neuigkeit den unbeweglichen Fel-
„ sen entgegen, auf welchen wir gegründet worden,
„ mit dem Ansehen der Uebergabe, worinn alle
„ verwichene Jahrhunderte eingeschlossen, und mit
„ dem ehrwürdigen Alterthume, das uns mit dem
„ Anfange aller Zeiten, mit dem Ursprung aller
„ Geschöpfe vereinbart. *

*. Sermon pour L'ouverture de l'assembleé
du Clergé de France 1682.